다섯번째 시집

사랑은 영원하여  III

영백 김백준

서문

 이렇게 말을 시작한다. 길은 갈수록 목표하는 것과 가까워지는 것만은 아니었다. 삶이 꿈꾸는 대로 이루어지는 것도, 아니라는 것도 알아가면서 여전히 우리는 희망을 노래하고 목표를 향해야 한다.

 쌓여가는 책들을 보며 뿌듯한 감정보다는 무거운 마음이 일었다. 시를 공부하고 문학에 관심을 두어도 점점 더 멀어지는 것 같은 느낌은 필자만의 것이 아니라 해도 그렇게 느껴진다.

 그래서 그런가. 다섯 번째 시집을 내밀면서 얻은 것은 있었다. 자기 주관화에 미치는 영역에서 '나를 돌아보게 한다'라는 거였다. 내적 성장이라고 할 것이겠지만 주변과의 과계(過計)를 조화롭게 하는 것까지는 아니더라도 '사랑하며 살며', 그리고 '인간답게'라는 어휘와 낱말들이 더 다가오기는 했다. 얼마나 고상하고 우아하게 살아야 사람답게 살았다는 말을 들을지는 알 수 없다. 그럼에도 우리는 보이지 않고 잡히지 않는 희망을 노래할 수 밖에 없는 숲 속에 울리는 풀벌레처럼 또 계절을 부르고 있는지도 모른다.

 또한, 시집을 준비하면서 멀어지고 있는 것을 붙잡게 되고 소원해진 것들과의 재회를 하였다고 본다. 그런 삶에서 밀쳐지고 제외되는 것들이 없었다면 지금 나의 글이 있었을까 하는 생각이 든다. 물질에 치우치는 탓에 외면되는 인간성과 사람다운 것들을 되돌리려는 생각이라면 물론 필자에게는 가당치 않을 것이다. 그럼에도 불구하고 다섯 번째 시집을 준비하면서 서서히 그리고 조금씩 그에 닿을 수 있는 생각의 흐름에 가담하기로 했다. 이전의 시집에서는 내적 주관화의 울타리를 정하며 생각의 샘을 맑게 하려는 것에 초점을 두고 치중했다면 이제는 이타의 확장에 선을 늘여보려는 것이었다. 얼마나 그리고 온전히 그렇게 될지 모른다. 여전히 일차적 그리고 이차적 가족과 나와의 울타리에 있기 때문이다. 그

것이 일반적이고 일상의 핵이기는 하지만 세월을 더 보내면서 내 부족한 부분은 그것만 봐라보는 것에서 비롯되고 있다는 것을 미약하나마 보았기 때문이다. 그리하여 이전에 내놓았던 '당신이 참 좋다'는 다시 실기로 했다.

 이런 면에서 다섯 번째 시집의 목적 중의 하나는 지평을 넓히기 위한 선언으로 보면 될것이다. 특별하게 볼 것은 아니어도 알고 있는 이들과의 관계를 돈독히 하며 그것이 씨앗이 되어 아름드리가 될 나무를 꿈꾸는 것이었다. 앞서 언급한 바와 같이 여전히 우리는 희망을 노래해야 한다는 그것에 합류하는 것으로 볼 수 있다. 많은 고뇌와 삶을 번갈라 수 놓은 시간 속에도 시인의 행복은 한줄기 써 내려간 생활 속에서 소망을 꿈꾼다는 것이다.

 얼마나 그 소망이 빛나는 허공의 별에 닿을 지 셈하지 않기로 했다. 그것으로 마음을 가볍게 하는 것이라고 믿는다. 실상 시라고 보기에는 여전히 마음이 가볍지 않지만 사랑하는 가족들이 있어서 힘겨운 날들에 버티는 건 필자만은 아닐 것이라는 생각에 이른

것이다. 하여 변함없는 사랑으로 늘 응원해준 가족들에게 진심으로 고마움은 전한다.

  또한 배움에 도움을 주시는 정이담 협회장님, 도서출판 제이비(JB)김순희 시인님 그리고 함께 일하는 김형도, 김용일, 장병해, 이동순님과 한국시산책문인협회의 회원님들에게도 감사와 고마움을 전한다.

  끝으로 한 권 한 권 쌓이는 시집은 자랑이 아니라 약속이었다. 역시 그것을 지켜야 한다는 몫을 독자들에게까지 전가하지 않겠지만, 아름다운 세상을 위해 끼적이는 것으로 보아주시면 고맙다는 말을 하지 않을 수 없다. 바람과 햇살은 한곳으로만 치우지지 않는다는 말을 맺음으로 이 시집을 보시는 모든 분에게 하나님의 사랑과 은혜가 충만하기를 기도합니다.

2025년 8월 용인에서

영백 김백준 배상

사랑은 영원히

III

| 차 례 |

- i 서문
- 1 당신이 참 좋다(봄편)
- 3 당신이 참 좋다(여름)
- 5 당신이 좋다(가을편)
- 7 당신이 참 좋다(겨울편)
- 12 구절초
- 14 해금과 가야금
- 16 슬픈 눈물
- 18 동백꽃
- 20 귀천
- 22 남풍
- 23 매화
- 24 고추잠자리
- 25 하얀 무궁화
- 26 메아리
- 27 너무 힘든 날에
- 28 아버지의 눈물
- 29 사랑이라면
- 30 홍매화
- 31 전우
- 32 고향 앞바다

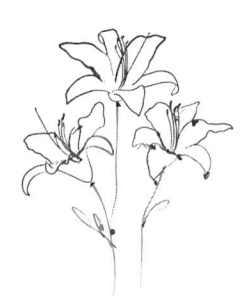

33	잡초
34	고귀한 생명
35	눈
36	선물
38	잡초 2
39	인고
40	조롱박
41	노을 단상
42	사랑하는 당신이기에
43	당신이 있기에
44	구멍 난 잎새
45	사랑하는 내 조국
46	구포역사
47	시간 속으로
48	석양
49	낙동강 부는 바람에
50	갈맷길 따라
51	옛 독립의 길목
52	첫눈
53	봄꽃
54	봄비

| 차 례 |

55 소천
56 진달래
57 눈
58 폭설
59 솔향
60 들국화의 연정
61 가을에는
62 풀잎처럼
63 한 포기
64 관계
65 어느 시인의 눈물
66 바닷가에서
67 고추잠자리 2
68 추석
69 벼랑 끝에 피는 장미
70 기도
71 피굴 사랑
72 행복이라면
73 어머니
74 가을 낙엽
75 가을 낙엽 2

76 갈루르 등대
77 터널
78 삶
79 에델바이스
80 동백
81 설동백
82 하얀 세상
83 지하철
84 진달래
85 생명
86 봄비
87 봄날
88 달그림자
89 별리
90 서른 즈음에 작별
91 노숙
92 어느 비문
93 꽃잎
94 영면
95 포구
96 당신은 영원한 꽃이었네라

| 차례 |

- 98　그대와 나를 위한 기도(봄)
- 99　그대와 나를 위한 기도(여름)
- 101　그대와 나를 위한 기도(가을)
- 102　그대와 나를 위한 기도(겨울)
- 103　당신은 영원한 꽃이었네라(봄)
- 105　당신은 영원한 꽃이었네라(여름)
- 107　당신은 영원한 꽃이었네라(가을)
- 108　당신은 영원한 꽃이었네라(겨울)
- 109　슬픈 눈동자
- 110　고은 님
- 111　서시
- 112　서시 2
- 113　청계산
- 114　행운목
- 116　행운목 2
- 117　천국의 우체통
- 118　하늘 무지개
- 120　새로운 삶
- 121　가을의 기억 속으로
- 122　가을 빛에 물든 마음
- 123　당신의 기일
- 124　다정(多情)

사랑은 영원히 III

당신이 참 좋다 (봄편)

당신이 좋다
마음의 기지개를 활짝 열어
소망의 단꿈을 꾸어주며
희망을 열어주는 당신이 참 좋다

봄비가 꽃잎을 흩어 버리고
그대의 생명이 손끝에 닿는 듯
그 손길에서 심장의 소리를 들으며
맑고 어여쁜 봄비 같이
볼을 스치는 당신이 참 좋다

당신이 참 좋다
싱그러운 햇살에 맞아
콧잔등에 내려앉은 은은한 무지개처럼
그렇게 닮은 웃음을 자아내어 주고
샛별의 꿈을 실어 나르는
웃는 눈동자의 맑음으로

기대어도 좋을 따스한 가슴으로
용암을 끓게 하는 당신이 참 좋다

당신의 눈길이 첫 손길이
번개가 내리는 별빛같이
닿으며 세상의 빛으로
살며시 나의 달빛으로
기대어 잠이 드는 눈물을
시원한 바람이 스치고
흔드는 당신이 있어 좋다
당신이 참 좋다

당신이 참 좋다 (여름)

당신이 좋다
청록의 푸른 꿈을 활짝 열고
푸른 이슬을 머금고 미소 짓는 그대
순박한 마음씨 품은 부추의 싱그러움
장맛비 풀어 올라가는 아지랑이 무지개
옆모습에 핀 꽃 닮은 당신이 참 좋다

인생과 닮은 천둥은 심술꾸러기
하늘과 땅을 갈라놓아도
시냇물 소리에 장미 향기를 묻어나고
무명의 나비 손짓에 눈시울에
노오란 구부러진 녹색 줄무늬로
수줍은 볼을 치마폭에 감추고
뽀오얀 살갗이 여미는
사랑이 스치는 당신이 참 좋다

당신이 참 좋다
흰 구름에 따가운 햇볕의 비타민 같은
해바라기는 기운을 차리고
도랑 사이길에 그늘을 만들어 주고
그을림 까만 손등은 땀을 적시면
뽀송뽀송 입맞춤의 향기를 바라는
머리 향수는 천상에서 내려온다
반짝 빛나는 샛별에 살짝 미소를 머금고
불그스레한 뺨의 당신이 참 좋다

안개 낀 산마루 아무 말 없이
이름 없는 새 보이지 않는데
우람한 억새 속에 보드라이 드러낼 제
날개 없는 높새바람에 솜털 같이
단미를 가득 싣고 오려는지
갈대 아래 살짝 눈 미소를 머무는
당신이 참좋다

당신이 좋다 (가을편)

당신이 좋다
이 계절에 당신이 있어 좋다

누군가 어여쁜 단풍 속으로 물 들어가고
언제라도 한 송이 국화 향으로 남기고
따뜻한 꽃잎을 날리는 연정을 주면서
언제라도 옷깃에 머물고
찢긴 슬픔을 물든 잎사귀에 날려 보내주고
그저 바라만 보고 있는 것으로도
행복을 한 그릇 담고
감사의 향을 풍긴다
그대여서 당신이 좋다
당신이 참 좋다

당신이 좋다
이파리를 다 날려두고 슬프지 않을 계절에
해를 넘기는 노을 녘에 부는 창가에 앉아

북쪽 나라의 공주가 불러주는 맑은 여운처럼
잎새의 마지막까지 붙어있는 숨결이라도 좋다
그런 날에도 또 그런 날에도
그대와 같이 있어 당신이 좋다
당신이 참 좋다

삶이 우리를 갈라놓을 끝에서도
에이는 찬바람을 같이 헤칠 수 있는 그대여
바람 부는 대로
갈대의 풀처럼 마음을 던져 풀어헤치고
홀로 남겨둔 긴 단발머리로
불그스레한 장밋빛 스카프를 묶고
당신이 좋다
함께 하여 좋았던 기억을 안고
당신의 마지막 눈물까지도
내 슬픔 가슴은 영생을 마시며
쓸쓸히 내려놓은 자리까지도
함께 있는 당신이 참 좋다

당신이 좋다
이 삶들의 계절에 당신이 있어 좋다

당신이 참 좋다 (겨울편)

당신이 좋다
어느 노녘의 강바람에 얼어 버린
시베리아를 걷는다 하여도
넓은 대지 백설(白雪)의 꿈을 펼치고
떨어진 낙엽 덮인 바위에 푸른 솔잎을 엮어
정답게 피어오르는 화로에 구황의 고구마에도
구수한 냄새가 마음을 사로잡으며
웃음을 지어 주는 그대에게서 희망을 본다

당신이 좋다
배고픔 삶들이 전하는 하얗게 전하는
나무들 사이로 한조각의 햇살을 안고
함께하는 기쁨을 주는 당신이여!
수줍게 입술을 머금는
당신이 좋은 그것은 하얀 사랑이 된다
들판의 고요한 속에 동토에 겨울잠을 재우고
보금자리에 별들이 내리는 그곳이라 할지라도

별밤에 빛나는 눈꽃이 밤새 내리는 날에도
이 어깨에 기대어 작은 소망을 품어
어느 날에도 주님이 베풀어 주시는 선물 바구니인양
보랏빛 향기로 숨 쉬며 그대의 눈동자는 샛별이 된다

당신이 좋다
나는 그런 당신이 참 좋다
소복하게 쌓여가는 소나무 가지마다
눈에서 피어나는 에델바이스의 싱그러움
당신의 보조개 닮은 은하수에서
이르지 않는 째근거림으로도 눈꽃은 추억이 되고
문틈으로 들어오는 겨울바람에 움찔거리면
더 어깨를 기대어 여미우고
시린 날들이 고통을 불러놓는 날에도
당신은 나를 믿고 나는 당신을 믿으면
모든 것을 얼리는 겨울 소리에도
긴 하품이 묻어나리라

당신이 참 좋다
세월은 가고 또 오는 것

노란 아재비 복수초(福壽草)에 살얼음이 녹으리라
겨우내 움츠리던 생명이 되돌아오리라
나풀거리는 나비 문향에
지난 계절을 고이 잊어가면서
작은 붉은 꽃봉오리도 생명의 고귀한 절개이러니
봄은 멀지 않았다는 움트는 싹들의 얇은
미소를 보면서 무엇으로도 순박한 미소
자취 감추지 않는 영롱한 눈방울
어쩌다 그리움에 눈물을 가득 머금고도
뽀얀 살갗이 여미는 당신에게 사랑이 스친다

당신이 좋다
더불어 사랑을 노래하는 기러기
길을 잃어버린 찬바람도 쉬는 안식처처럼
뜬 입술은 따뜻한 유자차 한잔으로
까만 눈동자는 깨진 구름에 내리는 눈망울로
나는 당신을 보고 당신을 보고
눈꽃 천사 넓은 마당에 솜사탕을 뿌리는 오늘에도
하얀 가지에 눈송이 털어내는 창가에서
거센 노녘바람에 볼 붉어 아름다워지는

천상 천진난만한 미소를 감추지 못하는
당신이 좋다
살아있음을 감사하는 까닭이다
당신이 좋다
당신이 참 좋다
하늘의 선물
온 세상을 하얗게 행복을 수놓으며
발자국 도장을 하나 둘 찍으며
산골짜기 장마다 울음을 터뜨리고
우렁찬 함창 소리에 결을 담으면
하늘의 선물을 하나씩 담는다

강아지 망아지 신나는 밤에
도시 불빛에 넋을 잊어버리고
빈 수레 소리는 요란하게 멈추고
배고픈 굴뚝은 연기가 없어지고
우는 아이 소리가 들리지 않는다

부엉이 하얀 이마를 감추고
깃을 세우지 못하고 울지 않으며

토끼의 배고픈 배를 비틀어
돌담 연두의 바람에 희망을 품고
지친 몸을 달리고 하늘만 본다

하늘의 선물이 단미를 발하고
땅거미가 미소를 밝혀 세우고
불그스레 향기를 받아드리고
별빛도 희미해지는 푸른 산하를
물들어 하얀 마음으로 바꾸어 본다

구절초

가을을 몰고 오는 여인이여
푸른 강물을 품에 품고서
꿀벌들이 향기를 내어서
아홉줄기의 하얀 청춘을
노랑 중심을 나타내리라

아홉개의 마디가 간절을
보호하는 리나린 하얀 꽃잎을
들고서 눈물 흐린 아린
연골을 흡수를 품는다
노란 수술은 아름답다리라

두 갈래길 향토 기운에
녹음이 곱게 짙어 오르면
두줄 운율이 춤을 추면은
세상을 짊어진 나그네여
흐린 땀바물 내려 놓고 가리라

슬픈 마음을 쉼을 달리고
마지막 남은 땅들이 기운을
꽃잎에 숨을 불어 넣고
아홉 관절을 꺾어 하소연
닮은 관절의 호소를 들으옵소리라

해금과 가야금

우주를 끌어당기는
두 줄이 흔들이는 갈잎을 일어
가느란 빗줄기를 뿌리며
외로움을 달님을 품어 안는다

백설은 푸른 눈동자를
얼어 버린 심장을 불태우며
떠 오르늘 붉은 기운이
상고대 높은 혼을 품어 안는다

청순가련한 손가락 논의 꽃은
출렁 거리는 머리댕기를
춤추는 한 마리 두루미여
목을 곱게 뻗어 복을 감싸 안는다

흰 저고리 하얀 솜털이 날리며
은하수 건너는 샛별이 잠들며

가야금 목에 걸고 새 빨간
입술은 곱게 물들어 품에 안는다

슬픈 눈물

보리개떡 한 개를 받아들고
한 없이 슬픈 이별 속에 말이 없다
한입 때어 먹지 못하고 하염없이
떡갈나무 잎만 한없이 바라본다

얼어 버린 빨간 볼을 비비며
잃어버린 무엇가를 찾는다
머리 위에 내린 하얀 꽃이 피면
눈물 한 방울이 되어 내린다

마늘꽃이 살짝 피어오르면
말라 버린 당신 입술은 파랗게 울고
내님은 저 하늘의 별이 되어 박히고
어둔 밤길에 선한 빛을 내린다

빨간 한조각의 추억이 세월이 물들며
나 떠난 후에 사과를 한 잎 물고

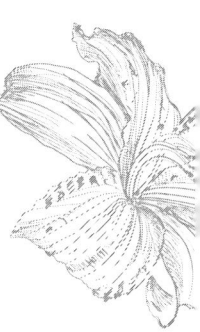

파도치는 포말에 멍든 바위를 보고

슬픈 눈동자를 차마 울지 못한다

동백꽃

서럽게 울부짖는 하늘을 향해 울며
가시는 걸음마다 멈춰선 입 맞추던 그대
한 송이 떨어진 붉은 함성이 불꽃 일어
짊어진 두 어깨는 눈망울을 깜박일 때
당신은 불그스레 뺨을 스치며 지나
눈물로 밤새 꽃향기 풍기고 있네

빛의 축복을 받아 거룩한 봉오리
달빛의 영혼의 정기를 마음에 받아
한 모퉁이에 육척 동자 철 지나며
든든히 자리 잡은 너의 모습이 멋져
삼고 고통을 들어지고 하늘 향해
하얀 이를 들어내고 청춘을 맺네

장독대 옆길은 날개를 펴고서
노란 수술은 청춘을 다 받치어
검은 머리 파뿌리 되어 머리 등불로

인내의 고통이 눈물이 되어라
옛 벗의 등불은 동백기름 흐르면
햇볕에 홀로 멋지게 빛나고 있네

행복한 날개를 달아 한하게 피어
빠르게 초침의 속도로 다가와
그대의 별이 되어 사랑이 되어
은하수 아래 연두가 짙어질 때에
붉게 빛나는 고운 자태를 뒤로 하며
소망의 불씨로 영원히 빛나고 있네

귀천

이슬에 젖은 솜털이 떨어지면
나 이제 본향으로 돌아가리라

나즈막 사부작 새벽비와 더불어
쏟아지는 별 무리를 바라보면
천상의 아름다움을 수놓고
이제 천국으로 돌아가리라

샛별 빛나는 영광의 면류관 받아서
손에 볼을 비부는 얼굴이 그리워
황금 잉어를 타고 소풍을 가고
이제 고향으로 나 돌아가리라

영롱한 이슬을 가슴에 적시어
슬픔의 멍든 젊은 청춘에 춤추고
은하수 무지개 꽃 무릎이 뜨며
이제 본향으로 돌아가리라

글성거리는 눈물로 시를 읽으며
흩어지는 머리털을 맘껏 날리며
손에 손 잡고 함께 뛰어 가려하네
당신이 계신 그곳으로 얼굴을 묻겠네

남풍

마녘에 춤을 추고 북소리 천성타고
만리길 눈물방울 주님의 병에 담고
하늘길 열리면 추던 어깨춤을 두둥실

매화

희나리 눈 덮을 때 강물이 춤을 추면
떠나는 돛단배는 바람에 포말 일어
님 떠난 매화 꽃 망울 활짝 웃고 있노라

고추잠자리

잊지 않을 그 날의 고백을
높푸른 하늘에
님 그리고픈 마음인데
붉게 날아와
캔버스에 거침없이
나를 대신하여
너는 수채화가 되었더라

하얀 무궁화

이렇게 애태우런가

창밖의 찬바람
찬 서리에 마르지 않을
하얗게 피어날 건
그날에 소리 없이
지나는 바람소리마다
보고픈 연정인데
가득 담지 못하고
그리운 향에 취하다
아무도 없는 곳에
당신을 부르다가
당신을 부르다가

이 여름에 하얗게 가슴 태운다

메아리

대지의 끝을 딛고
개운하게 세상을 향하여
누가 들어도 좋을
목청껏 부르고
차마
소리길 내어도 돌아오지 않아
그저 울림으로 다독이는
큰 길이 비로소 열린다

너무 힘든 날에

연약한 풀잎 사이로
희미한 달빛 보이고
고뇌의 숨소리에
슬픈 고개 들지 못하여
가파른 바위에 숨어들어
쳐들지 못한 사슴처럼
차가운 기운 속에서도
서로 의지하여
슬픈 가슴이 울지 않게
따뜻한 정이 피워내면서
이젠 당신을 위해
날이 새도록 기도 하렵니다

아버지의 눈물

새벽공기 가로 지르며
홀로 흐른다
길게 뿜어진 담배 연기의 흔적을
지우기 위해 긴 가래로 뱉어 내며
봄 아지랑이가 눈물 흘릴 때에도
아이의 하품 소리에 자식이 그릴울 때에도
앞마당 앞의 파도 소리에도
밤새 묵은 희미한 그림자 위에
감춰진 봉지 잎담배 마루에 밀어 두고
마음을 내려 놓지 못하고
도시 안개비가 내리는 날엔
아버지 긴 담배대에 불을 당긴다

사랑이라면

누가 보지 않아도
꽃을 피웠다
피는 것이 힘들어도
보는 누가 없어도
언제라도 누구라도
편하게 볼 수 있도록
빛 없는 밤에도
울어 피던 것을 잊으며
꽃은 한 송이 사랑이 되었다

홍매화

흰 눈 내리는 허공에 비추어
살갗 여미는 붉은 잎
곧 봄바람을 부르는 손짓이겠다

전우

부엉이 홀로 우는 밤에
어머니 품을 떠나도
푸른 솔은 변하지 않았다
다시 또 다시
올려보며
목 놓아 불러 보아도
왜 답이 없는지
이제는 아는 가슴일까
빛으로 말하는
별이 된 그대들이여

고향 앞바다

틀림없이 그럴만하지
수백 리 길을 달려 꿈을 보았다 하였을테고
자갈밭에서 갈대를 베며
가야 할 곳을 정해놓았다 했겠다
기진맥진한 허기에
달빛 아래에서 꿈을 기도해야 했으니
하루에 하루 달래줄 끼니를 위하여
질척거리는 짙은 뻘 사이로
어두워지기 전에 돌아오는 어선이라야
짠기 가득 싣고 돌아 온다고 하여도
백발 갈대처럼 흘렀을 세월에
사픔치는 하루 종일인데
밀려왔다 밀려 나가며 부치는 힘으로도
당신은 당신으로 담쏙 안아줬는데
늦은 황혼에 내가 준 것이 무언지
먼 길 돌아 지친 발소리에
동리 집집마다 작은 불을 밝히면 우연이랄까
짠바람에 들려오는 철새 소리가
멀리 둥지 찾는다고 메아리친다

잡초

아무 관심과 사랑의 대상이 아니며
밟히고 또 버리고 얼굴이 붉히고
인정을 버리고 슬픔을 먹는다

힘이 없어 말도 못 하고 보지 못해
뽑히고 일그러진 슬픔 사연을 담고
안녕을 보장받지 못한다

시멘트 틈새로 얼굴을 내미는
조그만 꽃으로 시련을 대신하여
오늘도 조그만 미소로 답한다

힘없는 백성은 보호받지 못하고
고지서 독촉장만 가득 쌓이고
창밖에 굳세게 서 있는 너를 느낀다

고귀한 생명

밤새 소리 없이 내린 눈 사이로
하얀 마음이 가득 차 있어야 하지만
물질의 욕심은 끝이 없어라

고귀한 생명 피의 간절함을
왜 그대는 귀를 자꾸 닫는가
잃어버린 모친의 생명이 가엾여라

산천은 말이 없고 무수한 선물을
인혜는 저물어가는 여울이며
꺼져 가는 속살을 도려냄이 없어라

머리에 하얀 물이 많아지면
배고픈 시절에 감사하는 마음들이
더러운 마음들이 새롭게 싹 튀어라

눈

솔뫼 허리춤에
하얀 싹 뿌려 놓고
붉은 볼 쳐다봐도
어여뻐 고울까 하는 계절인데
소리 없이 흐르는 건 시간인데
눈마저 말은 없고
구수한 커피 향수에
시계추는 멈출 새가 없어라

선물

어제는 얼굴을 파묻고 울었습니다
하지만 힘들어도 웃고 슬퍼도 웃어야 했습니다
마음 쓸쓸히 다가가는 일들은 없다고
오늘은 하늘이 마음을 정히시어 다독이시며
한 보따리 선물을 내렸습니다

무엇이 쓸어간 한바탕
쏟아져 흩어져 버리고
뭇매를 맞고 긴 터널로
들어가 숨어 버리고 싶습니다
어머니의 따뜻한 가슴이 그립습니다

지어지지 않는 그림자는
희미한 조명등 아래
솜이불에 얼굴을 묻고
마음껏 울었습니다
울 수 있어 행복했습니다

소리 없는 파동을 타고
멀리 떨어진 남쪽 바다가 박힌
하늘에 별들이 전하여 준
비밀의 작은 소식을
빈 소라에 들려주었습니다

잡초 II

시련과 고난을 한순간
미소로 가슴을 묻어
아픔을 되새기지 않는
밟아도 또 밟혀도 죽지 않는
까만 눈동자에 눈물이 고이면
움직이지 못한 삐에로가 되어
덮어 버리면 보이지 않을지라도
시들지 않은 비밀이 되었으니
초록별이 뜨면 육체의 자유로움이
너는 알고 있겠지
샘물이 마르지 않으리

인고

시련을 딛고 눈보라 같은 얼굴을 보면
가야 하는 시간이 다가오는데
기다리는 버스는 떠나가고
기나긴 꽃잎 한 줌의 정이라면
얼어 찾지 못한
정해진 시간은 거리를 헤맨다
찌그러진 간판을 사이에 두고
긴 호흡을 가다듬어
장작불이 피어오르는 곳에
잠자는 봄은 아직도 멀어 보인다

조롱박

때맞추어 기러기 울음소리
구름 소식을 전하고
동짓달에 솥뚜껑 열어도
바스락거린 잎새처럼
부뚜막 보리밥 한 술에
배가 부르면
조롱박에 물 차오른다

노을 단상

붉어지는 여름날이면
늘어지는 솔잎 끝머리 앞에
마음을 빼앗길까
부쩍 침묵하는 세월에
당신을 닮은 향기를 떠올리고
또 하루를 깨우며
계절이 불타는 건 살아있는 거라고
굽이굽이 흘러가는 저 강물에
들꽃에 내린 노을을 받으면
웅크리고 있는 정열을 태우렵니다

사랑하는 당신이기에

눈이 없어서 보지 못하고
귀가 있어서 듣지 못하네
하늘에 슬퍼하는 강물이여

하염없이 마음을 쓸어
오직 당신이기에
두물 머리 갈래 곁에
천둥소리에 떼지 못한
하얀 눈동자에는 이슬 남는다
밤 세워 멈추어 버린 추억으로
꽃잎이 떨어지면
휘날리는 흰 머리카락
당신이기에 당신이었기에
그렇게 갈잎은 피멍이 들었나 보다

당신이 있기에

낙동강가에 바람은 울었나 보다
밤새워 달려왔을 것임에도
아직은 흘러가야한다는 강물이라면
단미가 그리울 때다
하나 둘씩 없어지는 바람은 아니겠지만
꽃잎은 떠나가고 향기는 남을 거라는
나의 바람 속의 당신이기에
그리운 그림자가 길어진 곳에
늘어진 석양에도 인연 있을 거라는
믿음으로 흐르는 저 강물처럼
목이 길게 하고 멍하니 서 있는
지금 이 자리를 떠나지 못한 건
바라보이는 산마루에 하얀 안개
늦은 석양에 쓸어내리어도
먼 길 달려와 흐르던 강물처럼 변함없이
당신이 있기에

구멍 난 잎새

잎새에 드는 벌레야
먹고 사는 안타까운 관심이라면
저 수레 끄는 청소부를 보아라
구슬 같은 땀방울에서
나부끼는 깃발처럼
휴식을 주는 그늘막을 보아라
마지막 잎새 마져 떨어지어도
고단한 삶에 울지 마라!
구멍 난 갈피 속으로
그 잎새는 행복을 알지 못하고
가야 하는 뉘의 존재에도
너에 드는 잎새는 흔들린단다

사랑하는 내 조국

흙속에 수년전 목소리이더냐
-대한독립 만세
혼혈의 피가 하늘 향해 울림이
총칼이 날아서 가슴 치던 날엔
검은 구름이 태양을 가리는
하늘에 안타까움에 서리는 소리라면
어둠을 이겨낼 내일의 밝음 멀리
우뢰의 함성을 왜 또 오늘에 질러야 하는가
숨 쉬어야 할 조국이여
헤어진 무명 저고리는 흩어지고
벙어리 피 눈물 흘린 날을 다시 보고 싶지 않다

청춘을 적시는 침묵을 뚫고서
비로소 아름다운 내 조국아
제발 좀 숨을 쉬어 다오
까치도 제 집 찾아드는데

구포역사

갈맷길 긴 시간의 터널을 지나
남촌에 높새바람 불 때
흔들리는 갈대처럼
한 세월을 나누어
기다리면 길어지는 추억이 지나간다
철길가 흔들리는 코스모스
고단한 발품의 걸음들
의자에 조용히 잠들어 버려도
떠나는 곳에는 추억이 또 만들어진다

가버린 줄 알았던 시간
오늘은 역 앞에서 마시는 커피향이 맑다

시간 속으로

지친 마음에 양보는 없다고
부딪치는 발길 속에는
정해진 시간 따라 하나 둘 자리를 떠난다
고된 인생의 쉼터를 싣고
정해진 길 따라 떠내려간다.
무덤덤하게
가려진 하늘 표정에
더위 식지 않는 건
세월 탓이겠지만서도
꿈꾸는 작은 소망을 어찌 탓하랴

종종 걸음에 이탈하는 건
멈추지 않고 시계추 타고 가는 사람들

석양

저 푸른 들판에
고울 물이 들면
흩어버린 별들처럼
잠 못 드는 건 정이겠다
갈대의 이파리들에
부드러운 바람이라면
강물 따라 흘러가는 건
세월도 따라 가는 것이겠지

낙동강 부는 바람에

낙동강에 부는 바람 덕분에
별빛에게는 추억 하나를 올려보낸다

바람을 타고 멀어진 님에게
미소를 꿈꾸는
영혼의 그림자로
아침 햇살 숨결 머물 때까지

갈맷길 따라

푸른 가로수 샛길
녹음이 짙어지는 매미의 합창 소리에
바쁜 세월이 걸음을 재촉한다

한달음에
너도 가고
나도 가야지
집을 찾아 가야지
샛길 푸른 가로수 사이로

옛 독립의 길목

한가로이 노닐다가
꿈꾸는 행복에
별똥별이 떨어진다

금방이라도 쏟아질 소낙비 보내고
길목에서 새소리와 벌레소리에 맞춰
만세 소리는 더 커지겠다

첫눈

이른 아침
첫눈이 내리고
거짓말처럼 텅 빈 마음속에서
쏟아지는 조용한 기도처럼
하얀 눈이 들을 뒤덮었다
그래도 잊을 수 없지만
세월을 건너는 절대적인 침묵은 아니었다
그리 될 수 없는 것들의 배경
빈 느낌이 있을 수 없기 때문에
눈이 쌓인 가지에서 눈이 쏟아질 때
바랜 그림과 같이
바라보고 있었다는 착각 속에
항상 거기 서 있는
당신은 어디에나 있었습니다

봄꽃

설레는 봄 잠깨어나는
아지랑이 피어 오른 눈동자
어여삐 앳된 미소

봄비

흘러간 세월 새로
봄비에 닦아 올린 새파란 이파리들
허공으로 어지러이 내리는 계절

소천

하늘이 울어
소생하는 꽃씨여
그냥 하늘만 바라볼 뿐이어도
다시 돌아올 날에
작은 연둣빛을 빚어내는
봄의 소망을 뿌려 드린다

진달래

숲 길 따라
수줍은 진달래
이슬이 맺힌 꽃잎마다
떨어질 때엔
먼 길 돌아
미소를 머물고 있어라

눈

먼 길 떠나고
바스락 거리는 숲길을 따라
숲 가득히 내리고
내 세상을 찾아
하늘을 높게 올려 보며
꿈을 그린다
딱히 생각나는 것은 없어도
무엇인가 할 말이 있을 것만 같아
흰 눈 속에서
한 사람
그 사람을 위해
따뜻하게 해 주어야 하는
숨어 있는 전설을 그린다

폭설

푸른 하늘 사이로
바람만 불어도
하얀 눈꽃송이
소나무에 걸린 솜털이라면
지우고 싶은 기억 속에
우러러 한 점 부끄럼 없기를

솔향

하나 둘씩 떠나보내고
조국의 산하에
불어온 해풍을 견디는
먼 바다의 울음소리를 들어야 한다
풍랑에 흔들리는 건
해무에 해돋이를 보는 기도 소리
세월에 희어진 머리
홀로 가슴앓이를 언덕에 묻고
굵어진 기침이 하늘에 퍼져 가면
벼랑 끝에서 한 소나무가
세월에 눕지 못하고
솔잎 향기에 바람 떨어진다

들국화의 연정

낮에 달을 봐라 보는 건 그리움이라
무에 멀어진 가슴, 추로(秋露)에 젖은 꽃잎
밤 세워 잠 못 이룬 건 너도 그랬구나

가을에는

가을이 오면 그럴까
가을에는 그러고 싶다
꼼짝 하지 않은 바위마저
기우뚱 거리며 미소 짓기를

또 낙엽 하나
붉어진 눈동자처럼
강물에 흐르다 수초에 걸리면
그 잎을 건져 올려
품속에 넣어 남은 향기를 보듬으련다

가을에는
잎들 변해가도
나무는 그 자리에 있는 것을

가을이 오면
닿지 못한 그리움에도
아픔을 거부하며
양팔 올리어 보고 싶다는 것으로
이 찬란한 가을을 닮으련다

풀잎처럼

눈부신 그대여
바람 스치는 강변 언덕에서
부드러운 그대의 온유여

강을 따라 울고 내려가는 윤슬들에
사랑스러운 온정이 스미고 있는 것을
그대는 알고 있으리니
해 기울어 어둠에도
샛별이 되는 그대여
또 다시 스칠 바람에도
부끄러워하지 않을 그대여

잿빛 먼 하늘
약속의 시간을 허락하지 못하고
긴 침묵 속에 서로 말이 없어도
시밖에 내리는 이슬만으로
오늘을 감사할 줄 아는
그대 내 삶의 은유의 존재여

한 포기

비가 내린다
비가 내린다
혼자일 때도
폭풍우 불어 닥쳐도
한 곳에서 꿋꿋하였다

원망할 만도 하건데

관계

흩어진 세월에
먼지가 되어도
큰 바위 만큼 꼼짝 없이
한 가지 다짐으로
해내는 것보다 해 보는 것으로
한 걸음 한 걸음으로 가보는 거야
나는 너를 믿고
너는 나를 믿고
바위 틈 사이에 푸른 솔처럼

어느 시인의 눈물

울어야 되나
슬픈 계절은 없었다
낙엽 사라져 보이는 걸 같아도
모양은 변해도 모습은 곁에 있으니
마른 풀잎의 소리는
바람이 지나는 것일 뿐
보일 때에도
보이지 않을 때에도
시밝의 이슬은 변하지 않았으며

벌레 먹은 세월에도 한결같이
시인의 시 역시 그랬던 것을
멀리서 내려오는 희미한 달빛에도
그래서 시인은 눈물 쏟지 않으려

바닷가에서

주림에 끼니에 어울리는 건
물 한 사발이라고
혀끝에 쓴맛이 오르면
어지려지는 저 먼 긴 수평선으로
마주 보는 아침 햇살

밤새 멍들었을 바위라고
가리키는 포말이 부서진다

그때 당신의 기침은
마당으로부터 멀어지는 걸
그때 알면서도 할 수 있는 건 없었다
세월 흐르고
또 세월 흐르고
끼니에 주리면 다시 찾는 곳이 될까
포말에 쌓인 조개껍데기
햇볕에 검게 그을릴 지

고추잠자리 2

가을이 하늘거린다

<u>코스모스</u>

벽공

또 날아오르는 낙엽 사이로

추석

영산강에 부는 바람인가
날려 온 게지만
고향을 찾지 못한 걸음에
아스팔트에 내린 서리가 밟힌다

차 지나가고
사라지는 흔적
기억따라 별들
눈 깜박였을 바다 가까운 은하수
그곳에는 꽃이 피어 있겠지
늙으신 당신
마루에서 날 기다리시겠지만

벼랑 끝에 피는 장미

바람도
구름도
멈추지 않았다

어여쁜 꽃 한 송이

세월이 가도 비바람이 불어도
혼의 진실이라고
외쳐본다
외쳐본다
해 저물어 피어오른 붉은 입술에

기도

닫힌 마음의 문을 열고
저 푸른 하늘

올려 보고 싶을 때
언제든 올려보면
그곳은 아름다워습니다
그곳을 아름다워습니다

당신께서 계시기에
살아갈 수 있는 있는 것이라며

피굴 사랑

당신이 해 주신 그것이여

도마 위에 쪽파
바다 향기

특별한 건 없었다
오직 주고 싶어 하던 당신이시어서

행복이라면

함부로 일러도 좋으리
시밝의 아름다움을
또 눈물방울로 솟아오르면

어머니
아내 그리고 딸래미

내게는 그랬다
세상은 사랑스럽다

나게는 그랬다
그대들로 인하여 얻은
나의 위로 그리고 나의 희망
세상 부러워하지 않을
비로소 세상은 아름다우리니

어머니

품안이 그리워
크게 울고 있습니다

억새 나풀거리는 들판
감싸던 머리 수건
검게 그을린 큰 바위
그 아래 작은 돌맹이

당신 오가시던 그곳에서
마음껏 울고 울겠습니다
이제 드리고 싶은 거
눈물뿐이라니
조여 오는 이 가슴에

가을 낙엽

한 잎
한 잎
청춘 고독 떨어진다
하늘에 별똥별 뵈지 않은 데
고목은 슬픈 눈동자를 내려놓고
밤새 하염없이 우는 부엉이
지금은 잊었을 그곳을 향하여

가을 낙엽 2

이 밤이 깊어
기억은 한잔으로 목마름을 달래고
만나지 못했던 작은 사슴들
그들의 눈망울에도 이별이 있었을 것이라며
검은 땅으로 내려오는
네온사인들의 불빛에 채인다
도시 숲 사이 빌딩들
바랜 기억이 흘러 다니고
마음에 없는 불빛을 가로지르며
이제는 홀로 걸어야 한다
무엇을 잊어버린 것 아님에도
만나지 못한 사슴들을 보고 싶어
져버린 약속을 지키지 못한
그 탓은 세월이라는 핑계 속으로
돌아 멀리 떨어져 가는 건
낙엽이 아니라 나인 것을

갈루르 등대

누구나
바다 앞에서는 겸손해진다

성난 바람에 파도는
약속을 저 버린 슬픈 눈동자

어느 등대 하나
헤일 수 없는 바닷가 수평선에
무지개를 밤마다 띄운다

절벽 아래
슬픈 동상의 전설에도
내일의 태양을 보지 못한다 해도

터널

묻는다
녹슨 기찻길 옆에 풀은 피었던가

기차는 없고
바람이 속삭인다

희미하지만
빛의 점이 보이고
저 끝 터널에서 불어오고 있다

삶

깎아 지른 마천루
흘러내리는 향기는 없고
긴 온기마저 사라져 가는
아픈 시선에 버리고 간 양심 사이로
밟혀지는 나뭇가지
갈수록 시간 속에서
눈 감고 싶은 것들
꿈속에서 여과시킬 수 있다면
붉어진 입술 꼭 깨물고

문득
빌딩들 사이로 별 하나 비추고
꿈은 사라지지 않는다며
집으로 가는 길은 외롭지 않는다

에델바이스

흰 머리 이고
언제나 제 자리에서 빛나고 그대여
조용히 설산 안개를 품어
보조개를 피우더라니
북풍에서 서풍에서도
너는 나에게 미소를 지어준다
꿈을 잃어가는 시간들 속에
되풀이되는 걸음으로
아픈 가시들의 멍에를 지는
그저 멍한 나에게
봄볕에 녹슨 눈들처럼
하나 둘씩 사라지게 한다
아픔보다 추위일지는 모르지만
지금은 겨울을 견디고 나오는 그대여
아직은 절망할 때가 아닌가 보다

동백

눈에 들어오는
마당 모퉁이 꽃송이

밤새 추운 나지막이
눈꽃을 안고
눈 내리던 밤새
아픈 가슴을 안고 있었겠지

설동백

생각나게 한다
흰 소복
붉은 입술의 당신을

하얀 세상

눈이 부시다
우러러 한 점 부끄럼 없기를

소나무에 걸린 조각구름처럼
추었던 밤에도
별빛 무겁지 않게
지우고 싶은 기억을 가린다

지하철

먼 길 떠나는
구름들
타고 내리는
지하철과 계단들
그곳에서는
오늘의 꿈은 오늘에 있다고
삶의 전설이 숨어 있지 않는다

진달래

님 가신 길 따라
수줍어 불그스레
가슴에 묻어 버린 꽃이기에
이슬이 맺힌 꽃잎마다
먼 길 돌아 만날 때
두 손 꼭 잡아
다시 볼 수 있을 언제에
당신을 그리워해도 되는지
새겨 묻는 오늘이여

생명

하늘이 울던가
해바라기 노란 그 땅에
살기 위해 죽어야 했던 그 땅에
소원하는 것은 많지 않았다
밤낮이 바뀌면
긴 터널을 벗어나리라
그저 그리 해도
하늘의 허락이라하시오면
그냥 하늘만 바라볼 뿐이어도
포화 멈추는 찰나에
해바라기 피어나는 날을 기리면서

＊우크라이나. 러시아 전쟁이 끝나길 빌며

봄비

3월 비 내리고
싹이 움튼다

내일에는 이파리 파랗겠다

봄날

설레도 되는 볕
나풀거리는 노란 냄새에
아지랑이가 피어오른다

봄잠
깨는 눈동자
작은 소망을 걸어두어도
허락되는 날들이다

달그림자

달그림자에 울고 있었다
어머니의 차가운 등
어머니의 식어 버린 심장

새파란 입술은 떨고
대침을 맞고 오는 날에
보름달 눈물 뚝뚝 흘리면
까만 봉지에 도라지만
하늘을 바라보면서
모퉁이에 내팽개쳐 있었다

텃밭에 부추
하늘에 별이 되었을 지
밤새 달은 울고 있었다

별리

소환하는 별빛
나무 가지에 걸린다
긴 이별은 추억이 되지 못한 것을
세월을 보낸다고 하여도

보내던 그 역을 다시 찾아
벤치는 그 자리에 있고
시계탑은 사라지고
사랑은 아프지 않다며
거짓말 하는 가슴
혼자서 몹시 아리는 것을

서른 즈음에 작별

서른의 시계추
쉴 틈을 주지 않는다

산골짜기 솔향은 짙고
손만 뻗치면 닿고 있는 데
못다 준 정(情)을 아는 산새 한 마리
밤새 목소리에 멍이 들었다

세른 즈음은 너 이른데
샛별과 벗이 되어
잊을 건 아니 되더라니
목청을 높여 불러도
빈 무덤에 흰 국화 한송이
왜 이렇게 슬퍼야 하는가
서른의 이별에 가슴이 없다

노숙

보고픈 그대여
아픔은 언제쯤 가실지

왜 청춘이려는 삶은 고독한 지
허공에 물으며
아무 소식은 없고
빈 바람 속에서
식은 도시락 한 젓가락을 뜨며
까맣게 타 버린 영혼의 기도에도
사랑스런 이들을 떠올린다
아프기에 우는 것이라며

어느 비문

누구의 흔적인가
무명용사의 무덤 앞에서
무넘에 새겨진 이름도 없이
조국 산하에 뿌렸을 붉은 피는
황토가 되었을 지니
울지도 웃지도 못하고
무엇을 바라는 것도 정녕 없던 것이런가
감정 없는 뼈를 추스르고
총흔(銃痕)에 갈라진 상처에
목련의 하얀 꽃잎 떨어졌을 그 날에도
산 넘어 돌담 사이로 진달래
자유를 외치는
소녀의 기도를 들었을지
아무 말 없는 하늘을 향하여

꽃잎

어머니 젊은 날
산길 따라 돌던 황토길

꽃잎주름은 없어지라고
슬픈 추억은 내려놓아야지

영면

말 못할 삶의 무게
견디는 건
살아있는 이의 몫

나란히 앉던 벤치
이제 한 곳의 빈 자리

담아둔 말을 꺼내지 않으리
그저
그저
먼 고향 뱃길 따라
저 넓은 바다처럼
하늘빛으로 고이 남게 하소서

포구

빈 그물을 내리고
빈 배로 들어오는 어선들

상처 입는 별처럼
소리가 조용하지 않는다

지우고 다시 오는
포말처럼 내일은 내일의 즐거움이 있다며

당신은 영원한 꽃이었네라

당신은
작은 꽃잎으로 가슴을 울리고
따사로운 고운 자태는 눈을 멀게 하시고
돌 같은 이내 마음에 물 흐르게 하시었세라

당신은
밤새워 가슴앓이로 돌담 사이로
양지 마른 앞마당에 보조개 꽃잎을 열어
미소짓듯 수선화를 피워주시었네라

당신은
울 밑에 자리잡고
꽃잎 속에 채송화 그 입맞춤으로
활짝 웃는 보조개를 만들고
힘들고 지친 가지마다 웃어주시었네라

당신은

사립문 옆에 불그스레 볼을 드러내고
부비며 어우려진 고단한 영혼을 받고
작은 손발을 모아
기도한 낙타의 무릎으로 가시었네라

당신은
시밖에 소리없이
풀잎 나는 이슬같이
빛나는 영롱한 빛의 샛별같이
아름다운 눈동자로 호수같이

언제나 언제까지나
맑은 미소로 작은 꽃잎으로 활짝 웃고 계시어라

그대와 나를 위한 기도 (봄)

부드러운 봄바람이 스며드는 새벽
내 안에 당신 향기가 서서히 피어난다

연둣빛 잎사귀 사이로 스며드는 햇살처럼,
당신의 온기가 나를 감싸 깊은 숨을 쉰다

꽃잎이 살랑이며 내 곁을 맴도는 듯
그대 생각이 조용히 내 마음을 채운다

부드러운 봄비처럼 내리는 기다림 속에
사랑과 기도의 노래가 잔잔히 흘러내린다

하루 끝에 들려오는 당신의 목소리는
새싹 틈새로 비치는 빛처럼 내일을 깨운다

그대와 나를 위한 기도(여름)

뜨거운 햇살 아래서
내 마음은 당신을 향해 자라난다

푸른 잎사귀 사이로 부는 바람이
당신의 숨결처럼 시원하게 내게 닿고
햇빛 속에 반짝이는 물방울처럼
사랑이 흔들리며 반짝인다

여름의 소리들-
산들거리는 나무,
멀리서 들려오는 새들의 노래
그 모든 것들이 당신을 닮아
내 하루를 생기 있게 만든다

땀방울처럼 흘러내리는 시간 속에서도
나는 당신을 고요히 부른다
그 부름은 뜨거운 기도이자

여름밤 별빛 아래 위로의 노래다

하루가 저물고 저녁바람이 불어도
당신의 목소리는 내 안에서 뜨겁게 울리며
내일을 향한 새로운 시작을 알린다

그대와 나를 위한 기도 (가을)

서늘한 바람이 나뭇잎을 흔드는 오후,
내 안에 당신의 따스한 품이 채워진다

노란 낙엽이 땅 위에 수북이 쌓이듯,
사랑과 기억이 풍성하게 쌓여 간다

무르익은 햇살이 살며시 내리고,
그 빛 속에서 당신의 숨결이 깊게 퍼진다

가을 하늘 만큼 깊고 넓은 마음으로
나는 조용히 당신을 부른다

그 부름 안에 감사와 기도가 깃들고,
풍성한 열매처럼 내일을 향한 희망이 익어간다

해지는 하늘 아래,
당신의 목소리가 잔잔히 내 안을 감싸며
따뜻한 가을밤을 이끈다

그대와 나를 위한 기도 (겨울)

하얀 눈꽃이 고요히 내리는 밤,
차가운 공기 속에 당신의 온기가 번진다

불빛 아래 움켜쥔 두 손처럼
내 마음도 부드럽게 감싸인다

겨울 바람은 때론 거칠지만,
그 속에 숨은 따스한 기도가 나를 채운다

참나무 굴뚝 연기처럼 퍼지는 사랑이
우리 사이를 포근히 이어 주고,

그대의 목소리는 눈밭 위에 내려앉은
조용한 발자국처럼 내 마음에 남는다

서로의 숨결이 얼음 위를 녹이듯
오늘도 나는 당신을 조용히 부른다

당신은 영원한 꽃이었네라 (봄)

당신은
부드러운 봄바람에 살랑이는 작은 새싹처럼
가슴 깊이 사랑을 속삭이며 피어나고
눈부신 햇살아래 살며시 미소 지으며
돌처럼 굳었던 내마음을 촉촉히 적셨네라

당신은
밤새 내린 이슬처럼 맑고 고운 숨결로
돌담 사이 새싹 틈새를 은은히 비추어
따스한 햇살 품은 앞 마당에 보조개
꽃잎을 열고 수줍게 수선화를 피우셨네라

당신은
사립문 옆에 붉게 물든 볼을 드리내고
포근한 어우러진 고단한 영혼 품에 안아
작은 손발 모아 기도하는 낙타의 무릎으로
조용히 사랑을 내려 주셨네라

당신은
새벽녘 풀잎 위 이슬처럼 투명하고
오로라 처럼 빛나는 샛별처럼 아름답고
맑은 호수처럼 따사로운 눈동자로
언제나, 언제까지나 봄바람속 새싹처럼
환하게 웃고 계시어라

당신은 영원한 꽃이었네라 (여름)

당신은
찬란한 여름 햇살 아래
푸르게 흔드리는 들꽃처럼
희망의 빛을 가득 안고
나를 향해 미소짓고 있네

당신은
바람결에 실려오는 파도 소리처럼
맑고 청명한 숨결로
뜨거운 태양 아래에서
힘차게 살아 숨쉬고 있네

당신은
초록 잎사귀 사이로 쏟아지는 빗방울처럼
생명의 노래를 부르며
뜨거움속에 싱그러운 웃음 짓고
내마음에 뜨거운 기쁨 심어주었네

당신은
여름밤 반짝이는 별빛처럼
꿈과 희망을 속삭이며
언제나 푸른 하늘 아래
영원히 빛나는 꽃으로 있네

당신은 영원한 꽃이었네라 (가을)

당신은
황금빛 낙엽이 춤추는 가을 언덕
풍성한 단미의 열매를 맺으며
부드러운 미소로 내 맘 감싸 안았네

당신은
살며시 부는 가을 바람 따라
차분한 마음속 온기 품고
잊지 못할 애정으로 꽃길을 피우셨네

당신은
깊어가는 밤 촉촉한 이슬처럼
가슴속 단미의 노래 부르며
영원히 내 곁에 머무는 꽃이었네

당신은 영원한 꽃이었네라(겨울)

당신은
하얀 눈꽃으로 살포시 내려앉은 밤
조용한 사랑의 온기로 내 마음 품었네

당신은
따뜻한 벽난로 불빛아래
부드러운 미소로 차가운 바람을 녹이며
서로의 손을 꼭 잡았네

당신은
맑은 겨울 하늘에 빛나는 별처럼
영원히 반짝이는 사랑으로 내 곁에 있네

슬픈 눈동자

슬픈 눈동자 속에는
바람에 살며시 흔들리는 작은 꽃잎처럼
말 못 한 이야기들이 촘촘히 피어납니다

반짝이는 그 눈빛은
어느새 별이 되어 내 마음 속에 스며들고
조용한 밤하늘 아래서도 빛나며
나를 따스하게 감싸 안아 줍니다

눈물이 흘러내려도
그 속에 담긴 아픔과 그리움은
사랑이라는 이름으로 부드럽게 감싸여
내 가슴 한 켠에 영원히 머무르네요

그 슬픈 눈동자를 바라보면
마음 한켠에 따뜻한 온기가 번지고
사랑스러움이 피어나는 꽃밭처럼
오늘도 내 마음은 살며시 미소 짓습니다

고은 님

산 속의 고요한 밤,
바람조차 잠잠할 때
잎새 하나가 흔들리며 소리 없이 울었더니
그 울음은 산을 넘어 마음속 깊이 스며들고
가슴은 미묘한 떨림으로 두근거리며
아침에 떠오르는 맑은 가을 하늘 아래
조용히 사라져 가는 그 울림을 느낍니다

서시

아름다운 하늘이여,
당신은 무지개빛 꿈을 품고
온 세상에 희망의 빛을 뿌리네

아름다운 사랑이여,
당신의 깊은 마음속에
기쁨의 노래가 가득 울려 퍼지네.

아름다운 시인이여
당신의 손끝에서 피어나는
작은 씨앗은 세상을 향한 밝은 꿈이네

서시 2

푸르른 아침 햇살 속에
숨결은 조용히 피어나고
바람결 따라 퍼지는 꿈결이
온 세상 가득 촉촉히 젖어드네

삶의 길목마다 펼쳐진 이야기
기쁨도 슬픔도 다정히 감싸안고
그리움은 별빛 되어 은은히 빛나네

내 마음의 작은 숲에서
꽃은 사랑을 피우고 노래하며
조용히 속삭이는 바람결 따라
희망은 부드럽게 숨 쉬네

청계산

겨우내 얼어붙은 청계산 자락에
맑은 물소리 고요히 흐르고
뽕잎은 여물어 푸르른 빛 더하니
장마비 속 오리들 노래합창하네

점잖은 선비들이여, 발걸음 하여
정겨운 이 산을 찾아오라
아름다운 자연 속에 마음 쉬어가며
고요한 쉼의 시간을 누리소서

행운목

행운목 아래 아침 햇살이
부드러운 빛으로 숲을 감싸고
하얀 꽃잎들은 조용히 피어나
순백의 향기로 바람을 품네

그 꽃 향기는 마음 깊이 스며들어
희망 잃은 길목마다 은은히 퍼지고
처마 끝에 걸린 새끼줄 따라
꽃대가 솟아올라 조용히 기도를 올리네

순백의 꽃은 잊지 못할 인연의 증표로
가슴 한 켠 묻어둔 사연을 어루만지며
풍성한 잎사귀 사이로 스미는 사랑과
평화로운 숨결을 부드럽게 전하네

행운목은 오늘도 그 자리에 서서
조용한 시간 속에서 꿈을 키우고

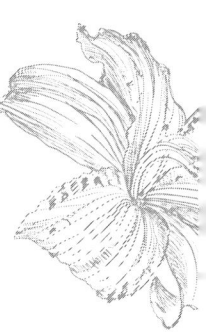

그 하얀 꽃들과 함께 삶의 기원을

부드럽고 따스하게 세상에 내려주네

행운목 2

행운목 아래 비친 햇살은
은은한 미소로 숲을 감싸고
푸른 잎사귀 하나하나에
소망의 빛이 가만히 스며드네

바람은 조용히 속삭이며
행운의 노래를 잔잔히 흩날리고
그 가지 끝마다 피어나는 희망은
마음 깊이 따뜻한 온기를 남기네

행운목은 고요한 시간을 품고
숨결 따라 꿈결을 키우며
오늘도 조용히 사랑과 평화를
부드럽게 세상에 내려주네

천국의 우체통

천국서 편지 배달되어 바람에 전해지고
이슬 안고 구슬퍼 떠도는 이름 없는 편지
늑대 울음메 산골짜기 메아리 화답하네

눈물 흘리며 회오리 바람 속 기도 소리
소년 가슴 적셔 사랑한다 한마디 담아
이슬 접어 편지 배달 향연 연기 피우리

종달리 입에 물고 떡잎 풀잎에 싣고
물방울 되어 영혼 담아 쓸쓸한 향기
가을 바람에 이 마음 다 전하리라

어머님 품 가는 안개비 흘러 내려와
토닥이며 가슴을 어루만진 후에
커피 향 속 청춘 편지 향기 도달하리

하늘 무지개

세상 끝날 때까지
못 다한 사랑이란 그렇다
저마다 아픔을 남겨두고
긴 여행을 떠나는 것이다

세상 끝날 때까지
못 다 읽은 편지를
마저 읽지 못하는 것이라면
추운 바닥에 아무것도 없을 것 같은
사연마다 잊지 않는 자국은 있더라고

가슴에 한 잎이 안겨지고
상처 없는 꽃잎이 떨어지고
잿빛 허공에 슬픔을 맡기지 않는다

그리고
안개 속에 무지개가 잠긴다

긴 이별이 여행이 되어야 한다고

세상 끝날 때까지

새로운 삶

깊은 밤속에
탄식 감추며 견디니
새벽 빛 다가오네

맑은 숨결로
핏줄 다시 뛰게 하니
삶 길 열리리

가을의 기억 속으로

살랑이는 바람결 따라
낙엽 하나씩 춤을 추고
숨겨둔 기억들 빛바래도
맘 한켠에 잔잔히 머무네

붉게 물든 저녁 노을 속
어린 시절 웃음소리
시간은 흘러 멀어져 가도
그리움은 꽃처럼 피어나네

길 잃은 낙엽 따라 걷다 보면
잊었던 마음 다시 만나고
사라진 듯한 가을의 얼굴
내 안에 깊이 새겨져 있네

가을 빛에 물든 마음

낙엽은 바람에 춤추고
지난 사랑 스며드는 길
추억은 꽃처럼 피어나
마음 한켠 조용히 머무네

붉은 노을 속 잊힌 얼굴
손끝에 닿던 따스함은
시간 따라 흩어지지만
가슴에 영원히 남아 있네

변해가는 세상 속에서도
눈물과 웃음 사라져도
가을빛 그 속에 담긴 사랑
끝없이 내 마음을 감싸네

당신의 기일

당신 찾아 뵈는 길에
왜 이슬비가
내려야 하는지 묻지 않는다

이 마음 대신하는 거라면
이끼낀 바위
부서진 매미 날개, 그리고
떨어진 늙은 껍질
굳이 이르지 않아도
매미와 소나무가 있었고
나를 반기던 당신이 계셨을 터
그때도 오늘처럼 비 내리면
울어 반겨하셨을지니
잊혀 사라져가는 거에
편하지 않는 미련일뿐

당신 곁에서 당신 계시온다면
비를 맞으며 붉어지는 저 노을은 알까
당신과 당신을 기억하려는
먼 훗날의 오늘에도

다정(多情)

한 여름에도
이 햇살이 사랑이라면
그대의 미소
다정한 이유로
견딜 수 있노라고

사랑은 영원하여 Ⅲ

| 발행_ 2025.09.23
| 인쇄_ 2025.09.23

| 글_ 영백 김백준
| 편집_ 제이비디자인
| 발행처_ 제이비(JB)
| 출판사등록번호 제 2018-000009호
| 주소_ 전주시 덕진구 석소로 9-4
| 전화_ 063-902-6886
| 이메일_ jb9428@daum.net

ISBN 979-11-92141-53-4
값 15,000원

| 파본은 구입하신 서점이나 출판사에서 교환해 드립니다.
| 이 책은 저작권법에 의해 보호를 받는 저작물이므로 무단전재와 복제를 금합니다.